Solsticios

Grace Hansen

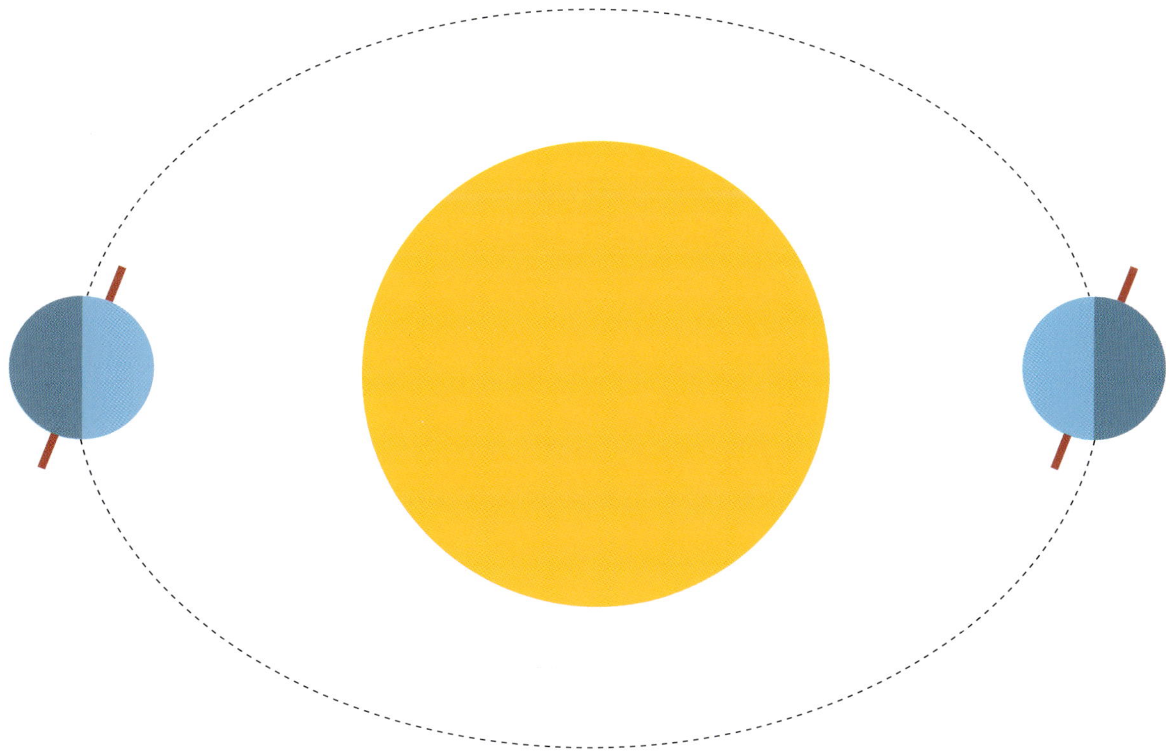

Abdo Kids
LUCES EN EL FIRMAMENTO
Kids

Abdo Kids Jumbo es una subdivisión de Abdo Kids
abdobooks.com

abdobooks.com

Published by Abdo Kids, a division of ABDO, P.O. Box 398166, Minneapolis, Minnesota 55439.

Printed in the United States of America, North Mankato, Minnesota.

052021

092021

THIS BOOK CONTAINS RECYCLED MATERIALS

Spanish Translator: Maria Puchol

Photo Credits: iStock, NASA, Shutterstock, Shutterstock PREMIER p.21

Production Contributors: Teddy Borth, Jennie Forsberg, Grace Hansen
Design Contributors: Dorothy Toth, Pakou Moua

Library of Congress Control Number: 2020930660

Publisher's Cataloging-in-Publication Data

Names: Hansen, Grace, author.

Title: Solsticios/ by Grace Hansen;

Other title: Solstices. Spanish

Description: Minneapolis, Minnesota: Abdo Kids, 2022. | Series: Luces en el firmamento | Includes online resources and index.

Identifiers: ISBN 9781098204501 (lib.bdg.) | ISBN 9781098205485 (ebook)

Subjects: LCSH: Solstice, Summer--Juvenile literature. | Solstice, Winter--Juvenile literature. | Earth (Planet)--Rotation--Juvenile literature. | Seasons--Juvenile literature. | Astronomy--Juvenile literature. | Spanish language materials--Juvenile literature.

Classification: DDC 525.5--dc23

Contenido

Solsticios

La Tierra experimenta dos solsticios cada año. El solsticio de verano y el de invierno.

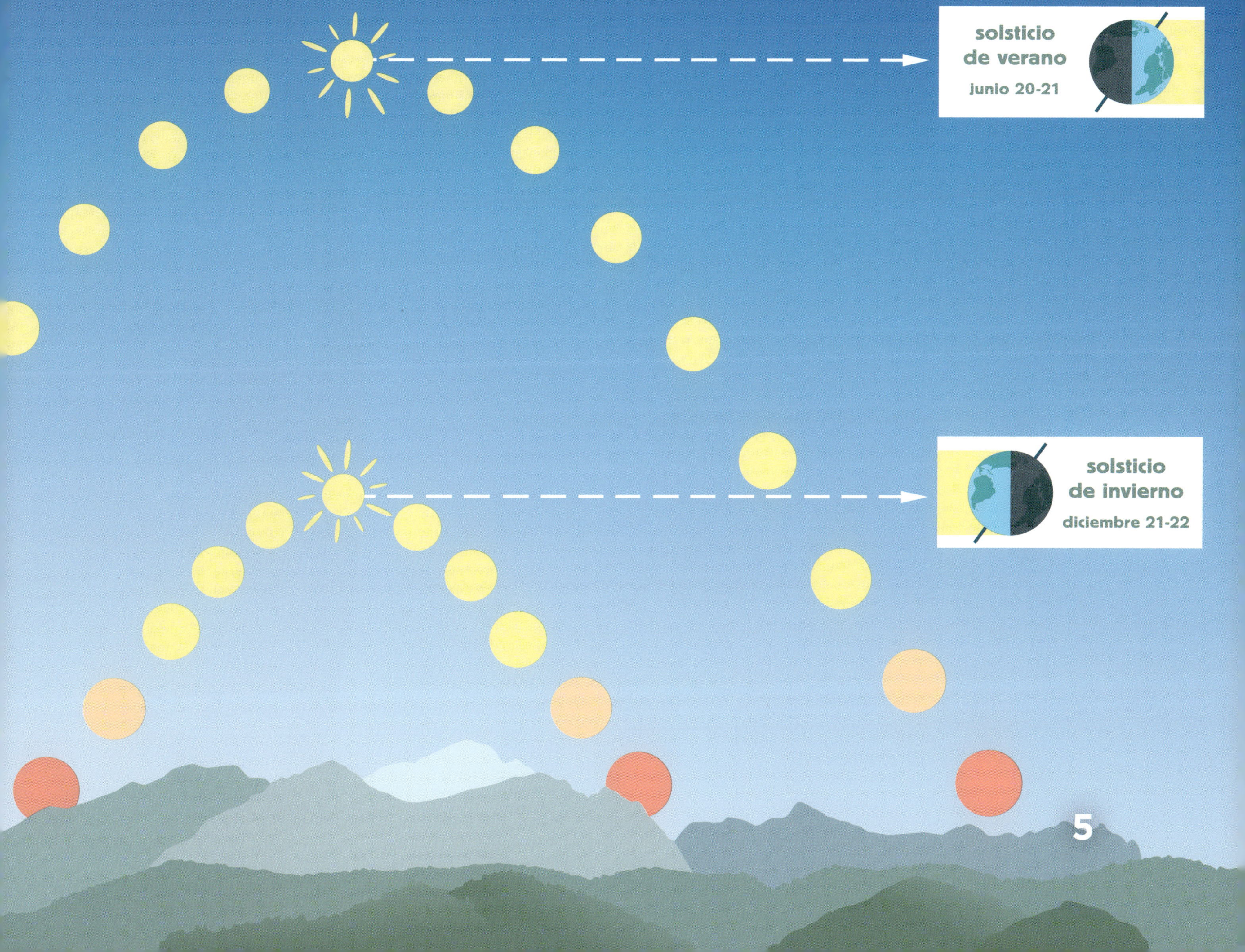
solsticio
de verano
junio 20-21
solsticio
de invierno
diciembre 21-22

El solsticio de verano es el día más largo y con más luz del año. El solsticio de invierno es el día más corto y con menos luz del año.

Chicago
5:00 pm
junio
Chicago
5:00 pm
diciembre

Los solsticios ocurren porque la Tierra **orbita** alrededor del Sol. La Tierra está inclinada sobre su **eje**.

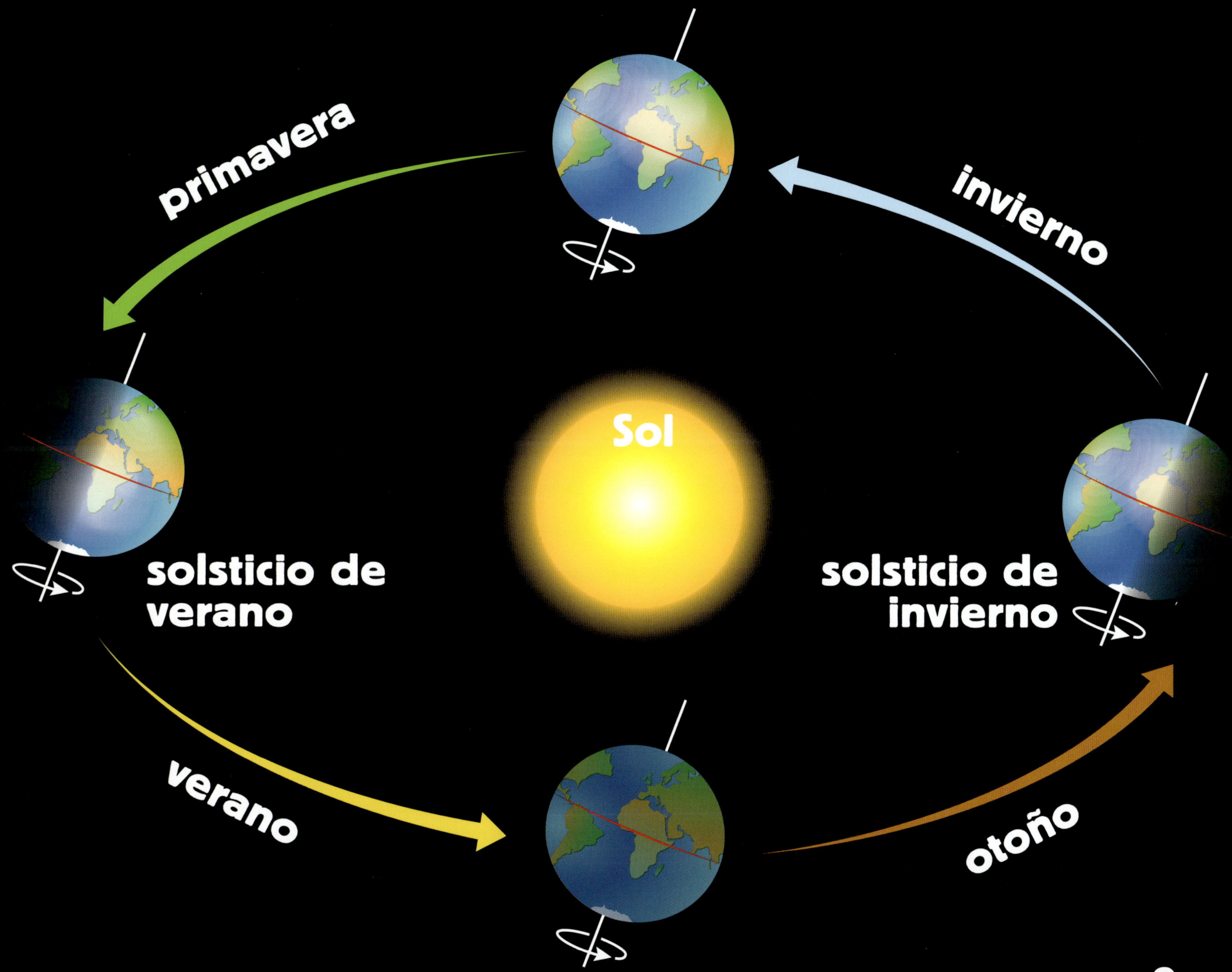
primavera
invierno
Sol
solsticio de verano
solsticio de invierno
verano
otoño

La tierra está dividida en dos **hemisferios**.

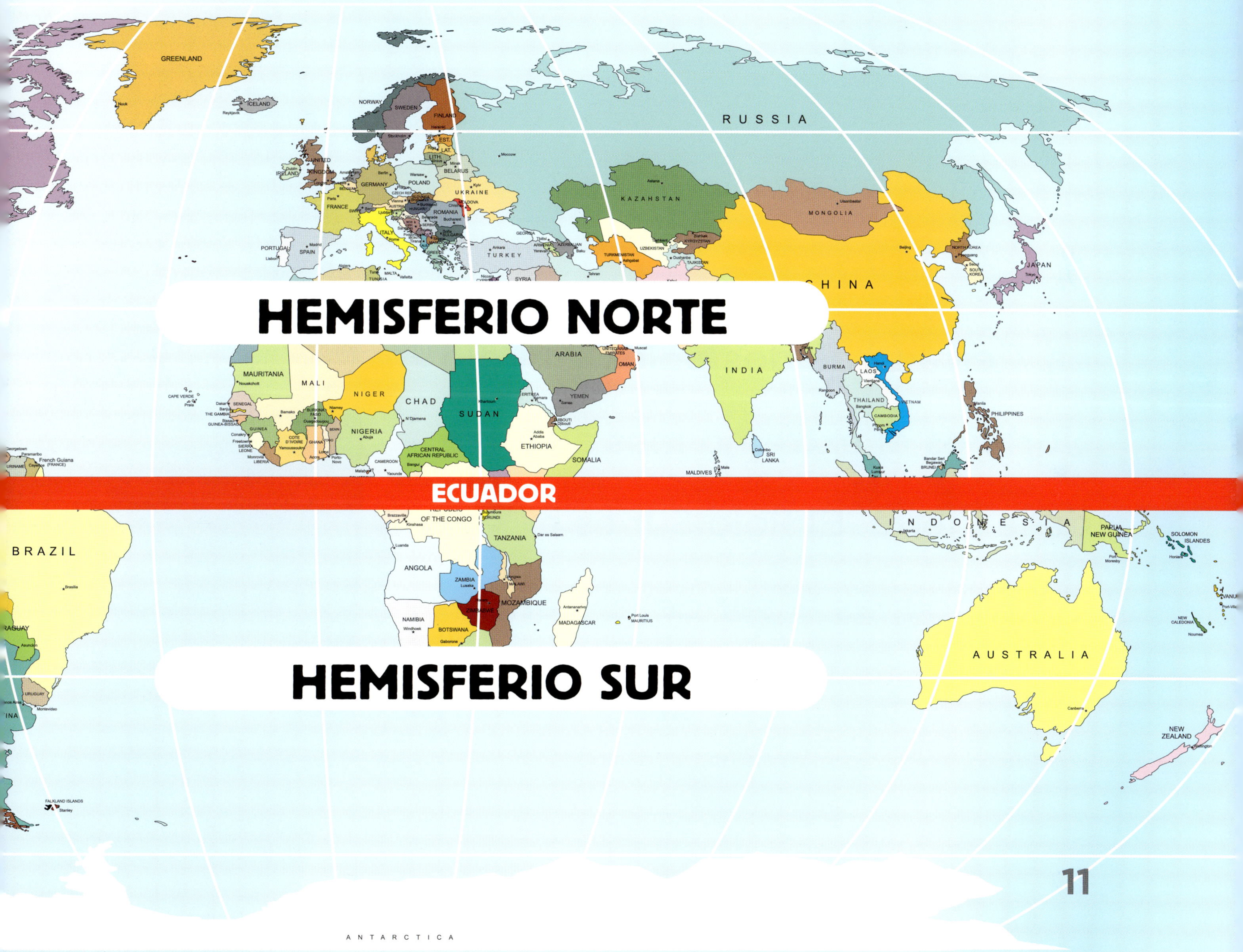
HEMISFERIO NORTE
ECUADOR
HEMISFERIO SUR
GREENLAND
ICELAND
NORWAY
SWEDEN
FINLAND
RUSSIA
IRELAND
GERMANY
POLAND
BELARUS
UKRAINE
FRANCE
ROMANIA
ITALY
SPAIN
TURKEY
KAZAHSTAN
MONGOLIA
CHINA
JAPAN
ARABIA
OMAN
YEMEN
INDIA
BURMA
LAOS
THAILAND
CAMBODIA
PHILIPPINES
MAURITANIA
MALI
NIGER
CHAD
SUDAN
NIGERIA
ETHIOPIA
SOMALIA
CENTRAL AFRICAN REPUBLIC
SRI LANKA
MALDIVES
French Guiana
BRAZIL
INDONESIA
PAPUA NEW GUINEA
SOLOMON ISLANDES
TANZANIA
ANGOLA
ZAMBIA
MOZAMBIQUE
NAMIBIA
BOTSWANA
MADAGASCAR
AUSTRALIA
NEW ZEALAND
URUGUAY
FALKLAND ISLANDS
ANTARCTICA

La Tierra tiene dos polos. El Polo Norte es el extremo más al norte de la Tierra. El Polo Sur es el extremo más al sur de la Tierra.

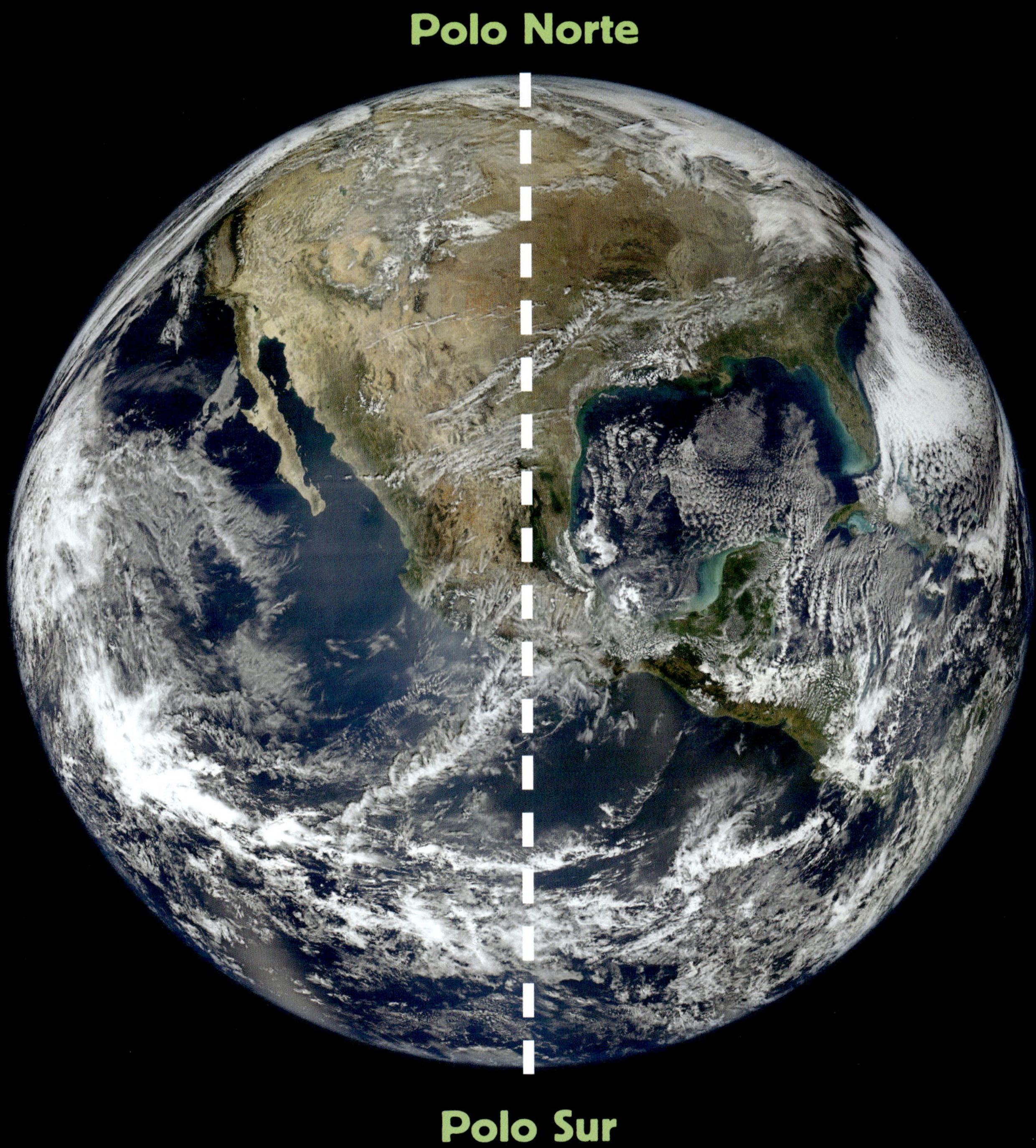
Polo Norte
Polo Sur

El Polo Norte apunta de la forma más directa hacia el sol un día en junio. Ese día marca el solsticio de verano en el **hemisferio** norte. Es el día más largo y con más luz solar del año.

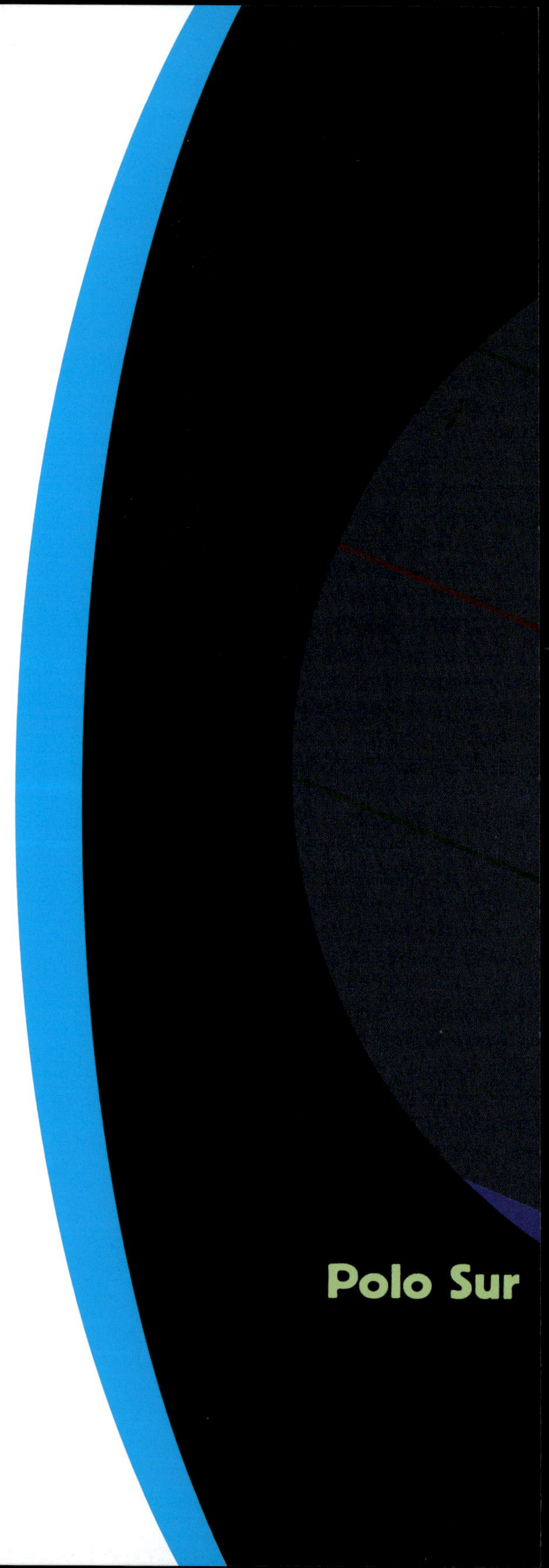

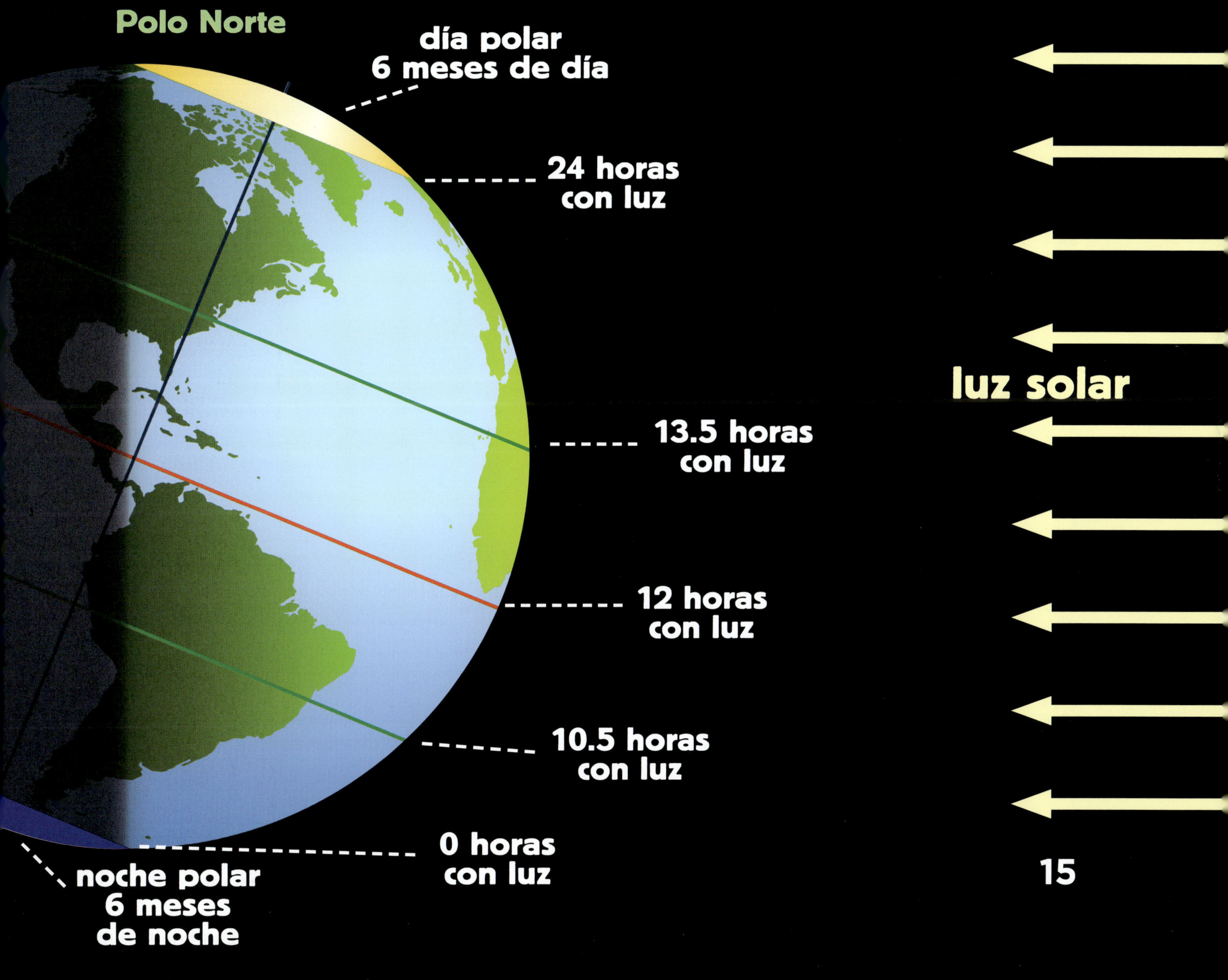
Polo Norte
día polar
6 meses de día
24 horas
con luz
luz solar
13.5 horas
con luz
12 horas
con luz
10.5 horas
con luz
0 horas
con luz
noche polar
6 meses
de noche

El Polo Norte apunta de la forma más directa en dirección opuesta al sol un día de diciembre. Ese día marca el solsticio de invierno en el **hemisferio** norte. Es el día más corto y con menos luz solar del año.

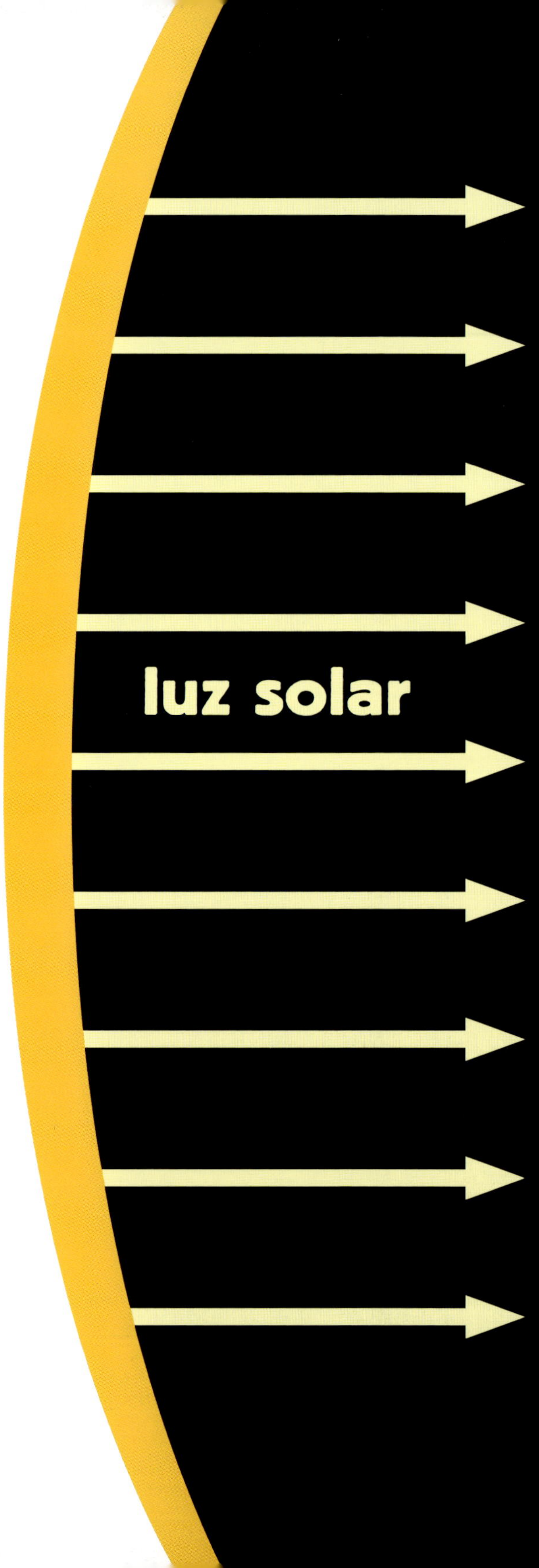

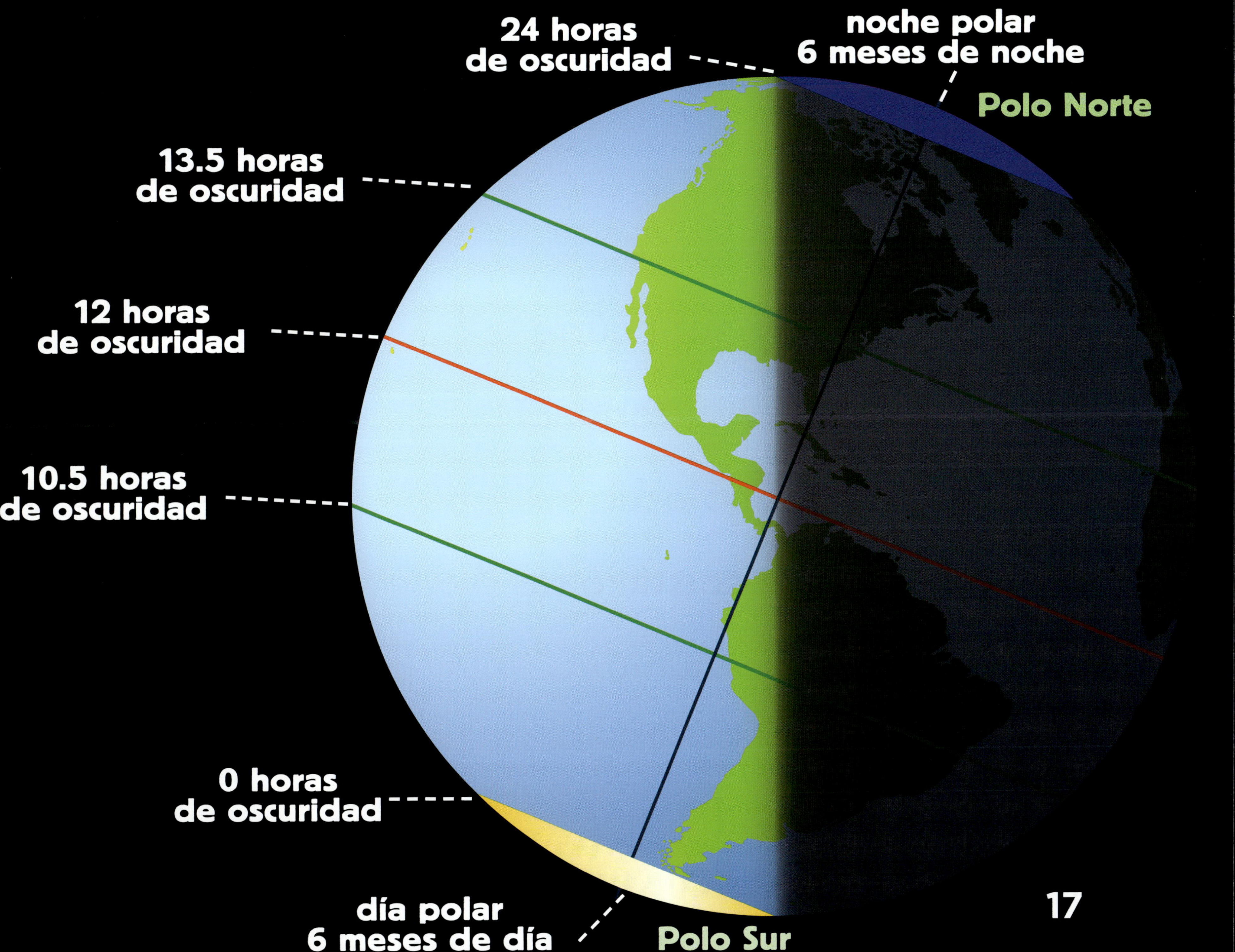
24 horas
de oscuridad
noche polar
6 meses de noche
Polo Norte
13.5 horas
de oscuridad
12 horas
de oscuridad
10.5 horas
de oscuridad
0 horas
de oscuridad
día polar
6 meses de día
Polo Sur

En el **hemisferio** sur ocurre exactamente lo contrario. El solsticio de verano ocurre en diciembre. El solsticio de invierno ocurre en junio.

verano
invierno
verano
invierno

Celebración del solsticio

La gente se reúne en **Stonehenge**, Inglaterra cada año. Cuando sale el sol el día del solsticio de verano, la luz solar se canaliza hacia el centro del **monumento**.

Más datos

- La palabra *solsticio* viene del latín. Sol, igual que en español y *sistere*, que signfica "quedarse quieto".
- Un tercio del estado de Alaska se sitúa al norte del círculo polar ártico. En esta zona el sol no se pone durante el solsticio de verano. La gente lo celebra con festivales e incluso... ¡con un partido de béisbol a la medianoche!
- **Stonehenge** también está alineado con la puesta del sol en el solsticio de invierno.

Glosario

eje - línea imaginaria en el centro de la Tierra sobre la que gira.

hemisferio - cada una de las mitades de la Tierra. Los hemisferios se forman al dividir en dos la Tierra por el ecuador, norte y sur.

monumento - obra en memoria de una persona o evento.

orbitar - moverse en una ruta curvada descrita por un cuerpo celeste que se mueve en torno a otro.

Stonehenge - grupo circular de piedras en el sur de Inglaterra, construido hace 5,000 años.

Índice

Abdo Kids
ONLINE
FREE! ONLINE MULTIMEDIA RESOURCES

¡Visita nuestra página **abdokids.com** para tener acceso a juegos, manualidades, videos y mucho más!

Los recursos de internet están en inglés.

Usa este código Abdo Kids
SSK9111
¡o escanea este código QR!